얄밉게 맑은 날

얄밉게 맑은 날

초판인쇄   2022년 3월 2일
초판발행   2022년 3월 15일

저　 자 강혜영
발 행 인 최한묵
발 행 처 도서출판 미소
등　 록 2020년 1월 24일 제2020-000000

주　 소 인천광역시 미추홀구 토금남로 84, 203호
전　 화 032-887-3454
팩　 스 032-887-3455

ISBN 979-11-971925-7-9
값 10,000원

* 잘못 만들어진 책은 교환해 드립니다.
* 저자와 출판사의 허락없이 책의 전부 또는 일부 내용을 사용할 수 없습니다.

얄밉게 맑은 날

강혜영 시집

*오래된 스마트폰 속 얄밉게 맑은 날들

두 번째 시집을 펴내며

수많은 이별들이 있습니다.
안타깝지 않은 사연 하나 그 어디에도 없어요.
찰나에 떠난 사람도 황망히 보낸 사람도
여전히 슬픔 덩어리 끌어안고 견뎌가는 중이에요.

한 번쯤 주변을 둘러보아 주시겠어요?
숨결까지 한 몸이던 사랑하는 사람 보낸 순간부터
목구멍으로 겨우 넘기는 숨조차 미안함으로
하루하루 버텨내는 가여운 이들이 얼마나 많은지요.

당연히 함께할 거라 믿었던 일상의 소소한 행복이
신의 허락을 받은 특별함이란 걸 매일매일 깨달아요.
지난 날 당당하던 모습처럼 살아가면 좋아할까봐
불쑥불쑥 훅 치고 밀려드는 감정의 파도를 탄 채
마음 동굴 눌러 앉은 심장을 애도하며 토닥입니다.

하루만 견디고 버텨내면 또 새로운 오늘
그리움 채운 날들을 막연히 살아내야 하는데
행복하고 따뜻한 추억 많아 감사하다 여깁니다.
평범하고 무난한, 때론 지루하기 짝이 없는 날들이라도
그저 특별히 놀랄 일 없는 오늘이 오히려 고맙습니다.

시집을 펴내며, 갑작스런 이별을 겪은 세상 사람들
그 모든 분들께도 힘내시라 마음 다해 기도를 보내요.
우리 서로 시선 한 번 오간 적 없어도 마음 아니까
오늘 하루 잘 견디시기를 진심으로 바라요.

2022년 2월 22일 결혼 30주년에
인천 우리 둥지에서 강혜영

차례

Part 1. 인생 베네핏 "추억"

어떤 결말   10
피서   11
슈퍼문   12
유년의 기억   13
내게 오늘은   14
서리   16
오월에 부는 바람   17
봄이 간다   18
백일장에서   20
봄   21
섬   22
앤에게   24
목소리   26
영상 편집   27
아부지를 기다리며   28
오롯이 한 사람   29
꿈   30
불멍   32
메꽃   34
약속   35
친정 가는 길   36
바라는 거   37
스며들다   38
이렇게 사는 중   39
통화 후에   43

Part 2. 현재진행형 "애도"

집	46
명상	47
또또또	48
숨	49
그리움	50
삼월의 소리	51
삶 I	52
시간이 약	54
봉인	55
비움	56
7주기에	57
전생	58
의미	60
코로나19 세상	62
거미줄	63
그리움 색깔	64
접었다 펴기	65
아들딸에게	66
사별 그 후	68
쳇바퀴	69
여운	70
그리움	71
그래도 된다	72
삶 II	73
그림책을 읽고	74
망각	75

Part 3. 하루하루 에너지 "감사"

얄밉게 맑은 날 78
가족 반지 79
나비 80
어른 81
핫팩 82
인연 83
개명 84
추억의 길 85
연결 86
나는 잘 살았다 87
아이 88
화상수업 89
비결 90
새소리 91
친구 92
눈물 93
병원에서 94
졸음 95
아내의 기도 96
엄마의 순간 97
그림책 98
몸의 말 99
쉼표 100
지금 사랑하여라 102
향기 103
치유와 회복 104

Part 1. 인생 베네핏 "추억"

어떤 결말

해피엔딩을 좋아한다.

드라마도
소설도
영화도

슬픈 결말 아니기를 바란다

아무리
미워한 사람일지라도
이기적인 나의 평화를 위해

그 인생도
해피엔딩이었으면 좋겠다

피서

언제였지?

카페에 가서
피서를 즐겨보라던

당신 말이
귀에 맴돌아서

오늘도
그래 보고 싶었어

슈퍼문

딩동
알림음이 귀를 연다

흐어어억 새까만 울음 토할 때
밥 한 끼 먹자 손 끌어준
고마운 이의 소식

딩동
개기월식 구경하고 있단다

독감 앓은 지 얼마 지나지 않았는데
목으로 찬바람 새어들까
따뜻이 챙기시라 답한다

유년의 기억

뒷뜨락 가운데 녹슬어 뻑뻑한
펌프질하던 우물이 있었다

마중물 한 바가지 쏟아 붓고
팔이 빠지도록 부지런히 펌프질을 해대면

저 깊은 지하에서 잠자던 물줄기가
좍악 따라 올라와 시원스레 쏟아져 흘렀다

우물 오른편 시멘트 얽은 언덕 위에는
옹기종기 항아리가 햇볕에 반질반질 빛났다

어린 꼬마 키만한 소금항아리부터
된장 고추장 담은 작은 장단지까지

기억 저 편 선명한 어릴 적 고향집
뒷뜨락 우물가에 등목하던 아버지가 그립다

내게 오늘은

바지런한 매미무리
옹골찬 지절거림에
늘어지도록 늦잠 자고 싶은
간절한 주말 아침 소망이
허무하게 무너져 내렸다

내게 오늘은
심장이 벌렁벌렁 뜀박질하는 일도
맥박이 이유 없이 백을 넘어서는 일도
가슴이 오다가다 푸욱 꺼지는 일도
하나도 없었으면 좋겠다

눈꺼풀이 무거워
들어 올리지 못하고
휴일 늦잠 달콤히 온몸으로
진저리나도록 받아들인 때가
그 언제였던가

내게 오늘은
그리움이 병이 되어
잠못 이루는 바보가 아니라

피곤에 쩌든 월급쟁이로만 살아져
눈꺼풀 무겁도록 잠에 빠지고 싶다

내게 오늘은
행복한 삶의 시간이 멈추기 전
그 옛날로 돌아가 마음 편히
늘어지도록 늦잠 한 번 자고 싶다

서리

밤새 세상 여기저기 떠돌다
하늘 위로 포롱포롱 올라가서는
구름위에 포근포근 눌러 앉아
두 눈 살포시 감고 쉬고 싶은
먼지 같은 작은 아이가 있었대

하늘 여기저기 흩어져 흐르는
구름덩어리 만나서 폴짝 올라타니
에고에고 무거워 내려가 주렴
마음그릇 종지 같은 구름 심보에
내치듯 쫓기듯 떨궈져 버렸대

어쩌나 의지할 곳 없는 이 아이
돌아보니 갈 곳이라곤 처음 거기
그 곳 그 자리 밤새 식어버린 땅바닥
차가운 흙바닥에 눈물 참고 누우니
허옇게 서리서리 서리되어 맺혔대

내 마음 속 그리움도 서리서리 된서리
몸서리 쳐지는 아픈 서리 쓴 서리
차갑디 차가운 초겨울 새벽 허연 서리

오월에 부는 바람

장미꽃 흐드러진 화단 옆으로
또각또각 걸어갑니다

짧은 봄 여름볕 씌운 광장에
푸른 바람이 잠시 머뭅니다

넌지시 올려다 본 너른 하늘
보내고 기다린 세월만 얼마더냐

아득한 바람 가슴 언저리를 스치고
나는 다시 걸어갑니다

봄이 간다

언제 오기는 했나
마른 땅 마른 나무
뾰족뾰족 앙증맞게
푸른 싹이 돋길래
봄인가 했단다

문득 시선 끝에
개나리 무리 와닿고
벚꽃잎이 하얗게
하늘을 덮는가 했더니
하룻밤 비바람에
몽땅 발끝에 치인다

오는 듯 하더니
그냥 가버리는구나
연일 낮최고 기온 30도
여름이 벌써 시샘이다.
우리 이렇게 불러야겠다.
봄여어어어어름이라고

그새 봄이 간다
온지도 몰랐는데

백일장에서

가녀린 우리 딸 손가락
꾹꾹 눌러 써내려간 글 속에
당신이 있네요

그 날 그 아픔이
그대로 잊혀지지 않은 채
깊숙이 묻혔다가

우리 딸 손잡고
세월 주름 거둔 채
새록새록 살아 움직여요

이쁜 딸이 당신을
참 많이도 그리나 봅니다
좋은 아빠 당신을

봄

꽃봉오리 맺힌 것도
내 보지 못했는데
무심코 마주친 너는
벌써 가려 하는구나

허둥대다 보낸 서글픔을
말로 다 할 수 없으니
지난 시간 아까워 어쩌랴

섬

은빛 모래밭 어디 갔나
오래전 버림 받은 섬
가엾은 내 고향

화력발전소 들어올 때도
덤프 트럭 내달려
사람이 죽어 나가도

화력발전소 들어와서
잿가루 안고 살아도
뭍사람 전기 먹여 살렸다

이젠 뭍사람 쓰레기도
덤으로 갖다 쌓아 준댄다
고향 사람들은 뭘 먹고 사나

맑은 섬 내 고향 영흥도
잿가루에 쓰레기에
하늘 땅 바다 숨이 막혀 울겠다

오른 뺨 내어주니

왼 뺨 그마져 내놓으라 하니
서러워서 울겠다

울 아부지 누우신
아픈 하늘 올려다도 못보겠다

앤에게

오늘 안녕하지?
오늘 안녕하면
그러면 되는 거야

나에게 너에게 우리에게 내일은 없어
왜냐구?
자고 일어나면 또 오늘이잖아

삶은 오늘의 연속
오늘 잘 살아내야
행복이란 게 있는 거야

내일 행복하자구 오늘을 묵혀두지 마
사랑도, 하고 싶은 일도 바로 지금해
오늘 행복해야 내 인생이 행복하지

살짝 미친 듯 살아봐
이 세상 제 정신으로 살면
슬픈 게 한 두 가지가 아니야

머릿속 나사 하나쯤 빼 두어도

계절은 어김없이 돌아가고
내 머리 나사 하나 빼두어도 아무도 몰라

앤
오늘도 난 누군가를 기쁘게 할 수 있음에
존재로서 감사해
세상에 태어난 이유가 하나쯤은 있다는데
난 평생 베풂의 가치를 누리기로 했어

목소리

사진을 찍어 간직하듯이
당신 목소리를 찍어 둘 걸

사진 첩 넘겨 보다
허한 것이 2% 부족한 건

목소리가 안들려서야

찰나에 사라질 줄 알았다면
사진에다 목소리도 담을 걸

영상 편집

그리울 땐
그리운 대로
이렇게라도 보고

하루하루 뚜벅이처럼
하늘땅 보고 걷다보면
오는 바람 가는 바람 스치다
 그리울 땐

어느 날엔가 모르는 새
예전처럼 나란히 서겠네
그때처럼 마주보고 서겠네

아부지를 기다리며

툇마루 넘어 한지 창 뚫고
동녘햇살 따스한 기운 스며들 때

마당 끝 콩밭 일 나가시던 아부지
니깐 게 뭘 해 집이나 지켜

막내딸 시키느니 내가 시집 가지
촐랑 따라나서다 멈칫한 발걸음

툇마루 아래 수북이 쌓아뒀던
울퉁불퉁 공깃돌 들들들 긁어내어

밭둑 건너 소꿉 친구 올 때까지
공깃돌 따라 고개만 하늘땅 오르락내리락

오롯이 그 사람

당신만한 친구가 없어요

고마워요
나랑 많이 놀아줘서

맛있는 것도 많이 먹고
좋은 곳도 많이 가고
재미난 얘기도 많이 하고

당신만한 친구가 없어요

미안해요
당신을 놓아주지 못해서

맛있는 것을 먹어도
좋은 곳을 가도
재미난 얘기를 들어도

당신만큼 재미있지 않아요

꿈

무작정 따라 걸었다

깔딱고개
숨 넘어가도록
헐떡거리며 놓칠세라
뒷꼭지 따라 걸었다

내리막을 내달렸다

길이 없다
바다인 듯 강인 듯
끊어진 길에서
이게 아닌데 의아해 돌아선다

무조건 따라서 돌아섰다

여기 아니랬지
내 말 들으면 고생 안한댔잖아
어서 가요
등 떠밀어 올렸다

산등성이 넘어 숲으로
금방까지 같이 있었는데
어디 갔나 이 사람
나만 두고 또 사라졌다

불멍

알록달록 무지개빛 밀랍초
빙글빙글 돌려 감정초를 만든다

빨강은 화남
주황은 서운함
노랑은 그리움
하양은 아쉬움
초록은 반가움
진청은 답답함

내 맘대로 떠오르는 대로
색깔에 감정이름을 붙인다

조물조물 던져 두었다가
심지 가운데 세우고
켜켜이 둘레둘레 빙글빙글
양철통에 돌려 채운다

주인 잃은 라이터 찰칵찰칵
불이 살아난다 심지에 닿았다

붉은 화가 녹아 투명하니 물이 된다
서운함 그리움 아쉬움 반가움 답답함
불꽃 아래서 모두 섞여 물이다

눈은 불꽃따라 초점을 잃고 멍하니
마음은 촛물 속에서 헤엄을 친다

메꽃

코스모스 화단 애물단지라고
뿌리째 뽑혀 버린 메꽃

휘감아 돌아 곁을 죽인다고
보라빛 예쁜 얼굴 내밀지도 못했어

모진 손에 솎아내어 툭
거침없이 화단 밖으로 휙

코스모스도 한 철
메꽃도 한 철인데

그저 예쁘게 같이 살라
서로 엉겨서 그리 살라

그 자리에 그냥 저냥 두면 안되나
서러운 보라빛 향기 하늘로 난다

약속

당신 예순 하나
내 나이 쉰 다섯

당신 공로연수 시작하면
난 명예퇴직을 하고

백두대간 남은 산행
즐기면서 살아보자고

귀에 딱지 돋듯 한 말
기억이나 하는 지

여고때 동네수퍼 노인이 한 말
으이그 평생 벌어야 먹고 살겠네

지금 그 말이 기억나는 건
이제 내 나이 쉰 다섯인데

친정 가는 길

길가에 핀 노란꽃
저거저거 이름이 뭐냐고

그으음 금금 뭐였더라
서로 마주보고 웃음만

머리속에서 아른아른
맴도는 노란꽃 이름

답해 주려다 멈칫멈칫
되내는 노란꽃 첫 글자

그으음 그음금금
아 맞다맞어 금계국

길가에 핀 노란 꽃
검색어 있는 걸 보니

궁금한 이 또 있었나
반갑다 참 반갑다

바라는 거

귀에 딱지 앉도록 듣던 말
듣기 싫다 타박하던 말

그리운 말
그 사람 말

손주 보고 싶단 말
며느리 보고 싶단 말

이제서 그 마음이
내 속으로 타고 들어와

우리 집에도 예쁜 아가
아가 울음소리 들렸음 좋겠다

스며들다

햇살이 눈부시다
주인 잃은 경비실 옆
소나무 두 그루 위엄을 풍긴다

그 곁에 문득 그가 서 있다
바지주머니 속에 왼손 푹 찔러 넣고
어여 내려오라고 올려다보는 손짓

자그마한 막회집 자리 있다고
어서 가자 발걸음 재촉하던 그
촉촉히 내 삶에 스며들어 있다

여전히 그의 향기가
여전히 그의 목소리가
여전히 그의 미소가

그의 미세한 몸짓까지도
살아서 꿈틀거리는
영혼의 영원한 순간

이렇게 사는 중

있잖아요
어제 딸이 그랬어요

무슨 얘기냐구요?
말하자면 좀 길어요

예전처럼 마주 앉아
천천히 들어 봐요

우리 이쁜 딸하고 나눈
기나긴 통화 썰이요

"엄마!"
"응, 딸, 요즘은 어때?"
"기분이 그다지 좋지는 않아"

"엄마! 행복한 사람은 삶의 목표를 세우기 보다 삶의 가치를 정하고 살아간다는데 난 아직 그 가치를 못 정했어. 그래서 무엇인가를 이루어내도 자주 우울감이 오나봐. 엄마는 어때?"

"우리 딸 요즘 개강하구 많이 힘들구나. 네가 한 일이 의미 없게 느껴져서 속상해? 엄마 생각에는 엄마 멘토인 것처럼 대단하게 해내고 있어서 너 스스로도 은근 뿌듯할 것 같은데, 네 생각은 어때?"

"뿌듯하지. 이것저것 한 거 보면 진짜 언제 저렇게 했나 싶은데, 늘 새롭게 시작되는 상황, 인간관계…그게 참 힘든 것 같아."

"온라인이라 새 학기, 인간관계 맺기가 힘들구나? 어울려야 살아가는 에너지를 얻는 딸인데 말야. 온라인 또 익숙해지면 지인 연락해서 화상으로라도 만남을 이어갔으면 해. 그리고 서운한 일 있어도 콕 집고 넘어가지 말았으면 하구. 엄마가 그리 해보니 그 사람은 안 변하고 오히려 적이 되더라."

"맞아맞아. 엄마가 속상해 할 때 그때 아빠가 해줬다는 말 그거 있잖아. 숲을 보라고! 나무를 보지 말고, 담대하고 연연해 말라고 했다던 거 요즘은 그 말이 자꾸 떠올라. 그래서 큰 자리에 있어 보니까 있을 수록 사람사람 하나를 보지 않고 전체를 보는 게 필요하단 생각이 들어. 그래서 답답하고 서운

한 것도 집고 넘어가는 게 아닌 다른 방법으로 접근해 보려구,"

"사람도 일도 그만하면 충분히 잘하고 있어. 알아서 다 방향을 찾아가고 있네. 기특한 딸. 넌 장독대 제일 큰 항아리다. 많이 담으려면 넓고 단단해야 하고…숨도 스스로 쉬어야지. 호호 그리고 지금 충분히 넘치도록 잘 해내고 있으니 조금 쉬어가도 된다. 괜찮다. 괜찮아. 다 괜찮아. 지나간 어제 일은 다 괜찮은 거란다. 지금이 중요하지."

"딸아, 아까 가치에 대해 물었지? 엄마는 사십이 넘어가며 목표보다 가치를 찾은 거 같아. 아낌없이 주는 나무처럼 기여하는 사람! 엄마는 삶에서 기여가 굉장히 중요해. 그렇게 살기 시작하니 행복감이 더 느껴지고 말야. 우리 딸도 지금 하고 있는 수많은 일들이 네 인생의 가치를 찾는데 길을 열어 줄 거야. 그러니 지금 하는 일을 즐겁게 하면 돼. 아마도 넌 네 다섯 개의 직업으로 공동체에 기여하는 삶을 살게 되지 않을까 싶다. 엄마 생각에는…"

"음…그래서 이번 학기 복전 ㅇㅇ과~~교수님하고~~~3학점 하나 버리기로 하고~~~ 좀 수월하게 가기로 했어. 4년 안에 졸업 못할 수도 있어."

"괜찮아. 다 괜찮아. 네 계획대로 해봐. 코로나로 1년 힘들었는데 대학 1년쯤 더 다니면 어때. 쉬엄쉬엄 휴학도 하고, 하고 싶은 일 도전도 해보고 그리 살아라. 대학은 4년 안에 졸업하라고 있는 게 아냐. 안그러니?"

통화 후에

길 건너 운동장 밤마실 나온 딸
첨단시대의 혜택을 한 시간 내내 누려
서로 인생의 가치에 대한 대화를 나눴다

우리 딸 자취살이 3년에
참 많이 성장했다
사람도 돌아볼 줄 알고
이제는 인생의 목표 보다
가치가 더 중요하다는 것도 알아챘다

아직 못찾았다고는 말하지만
이미 찾은 듯 하다
살아가는 진한 의미를

Part 2. 현재진행형 "애도"

집

세상에서 젤 좋은 집은
사랑하는 사람 마음이래

고로 난
젤 좋은 집에 사는 것 같아

그렇게 말해 준
당신이 젤 좋은 집이었네

명상

감각에 이름을 붙이면
생각이 끊어진대서

이름을 불렀다
손아 손아

네가
손이로구나

만지작 거리니
따뜻하다

시리도록 그리운
생각이 따라 올라왔다

또또또

곁을 보지 못했다.
앞만 보느라

사랑새 날아간 하늘
차마 올려다 볼 수 없어서

그저 앞만 보고 달렸다
가슴이 아파 눈물이 나서

아기새 웅크려 울고 있다
나만 보느라 또 놓쳤다

숨

기를 써 들여 마시려 해도
목구멍을 넘지 못한다

얼마나 무겁고 큰 놈인지
크억크억 잡아끌려 해도
딸려오지 않는다

애꿎은 가슴
너만 후드려 맞는다

그리움

여전히 여전히
현실이 아닌 듯해

늘상은 미세먼지처럼
먹먹하게 내 주변을 감싸고 있다가

어느 날은 아침 안개처럼
홀연히 사라져 버리기도 하다가

그가 왔다갔다 한다
잡힐 듯 말 듯 모퉁이에서 아슬아슬하게

마음 속에 꾸욱 눌러 앉았다가
생각꼬리 자르고 휙 나가버렸다가

어느 새 지구가 태양을 다섯 바퀴째 돌고
내 마음은 그의 곁에서 오만 번을 돈다

돌고 돌수록 그리웁다
쌓인 그리움이 농익어 진이 맺힌다

삼월의 소리

아직도 아픈 게로구나
휘청휘청 걸음걸이마다
넋을 놓은 걸 보니

정수리 가운데 휘감아도는
현훈이 가슴을 타고 흐르다
푸억 빠져 나가는 듯하면

눈동자에 꽈악 힘을 준다
숨을 크게 슈욱 들이킨다
그래야 몸이 버텨 선다

벽이라도 있으면
기대어 눈이라도 감고
놀란 숨이라도 돌릴 텐데

삶 I

하늘로 가는 개찰구 앞에서
마지막 길 친구가 그랬단다
욕심을 비우고 살아라

꿈자리 사납던 새벽 지나
이른 아침 날아든 문자 한 통
친구가 하늘로 갔다

올 들어 벌써 세 번째 장례식장
친구는 죽었는데 난 화장을 고친다
그래도 고향친구들 다 모일 텐데

하늘 간 따뜻했던 친구 덕으로
시골학교 동창회가 되어버린 장례식장
울다 웃다 문득 내 삶이 스쳤다

정신 놓고 마지막 손도 잡아주지 못한
지난 시간 미련 때문에
여전히 아프고 아프다

슬픔은 시간이 얼마가 지나도

크기도 무게도 줄어 들지 않는 걸
검은 옷 차려 입은 저 사람들은 알까

시간이 약

시간이 약이라 함을
쉽게 말하는 이들은

울다 지쳐 숨도 쉴 수 없는
모가지를 지나간 통곡으로
심장이 통째로 터져 나가는
그 아프디 아픈 찰나의 이별을
한 번이라도 겪어는 보았는가

시간이 약이라 함을
쉽게 말하는 이들은

시간이 약이 되면 좋으련만
잠시 동안만 통증을 가라앉히는
진통제에 불과한 것이란 걸
많은 시간이 흘러도 제자리인 때
여전히 가시처럼 느껴는 보았는가

봉인

눈물 훔친 젖은 손가락으로
툭툭 두드려 써내려 간 싯귀들

심장처럼 붉게 끓는 선홍색 표지
작은 나무 한 그루 새 한 마리

한 장 한 장 되짚는 눈길 따라
다시 콧날이 시큰해지지만

농축된 그리움 슬픔 뭉치
책 속에 영원히 봉인해 버렸다

나무 위에 고이 앉은 새

비움

비워야 채워진다는 말이
진리라는 것을
반백년 살고 나서야
비로소 알아지다니
이 무지함을 어찌할까

비워야 채워진다는 말이
진리라는 것을
님 따라 사랑도 보내고서야
비로소 알아지다니
이 무상함을 어찌할까

7주기에

깊어서
빠져 나올 수가 없어

아퍼서
건드릴 수가 없어

여태도 그래
마음이

눈 내리고
찬바람 휘몰아치면

여전히 그래
가슴이

전생

전생을 믿어요?

파동에너지가
전해진다는 걸 믿어요?

글쎄요
그러면서 봤다. 타로

전생에
다 이루지 못한 엄마 자식사이

이생에서는
오롯이 그를 위해 살아야 할 삶

이건 뭐지?
내가 살아온 삶을 본 듯이 풀어낸다

전생에 못다 한 인연
이생에서 오롯이 사랑 다 받았으니

이만하면 되었다
홀연히 사라졌나 안개처럼

의미

삶은 다 그런 게지
누구나 다 한 번 왔다가는 인생

니나 나나 나나 니나
하나였다 둘이었다 하나 되는 게

뭘 그리 대수라고 못놓았는지
뭘 그리 애달아 아파했는지

그냥 저냥 살면 되는 걸
있는 듯 없는 듯 없는 듯 있는 듯
오늘을 살면 내일도 오늘인데

그리움을 동무처럼 손잡고 가자
불쑥 찾아오면 어여 와 토닥이다
달래어 곁에 놓고 내 할 일을 하자

그렇게 오늘을 살다보면
내 인생줄 늘어져 저 하늘에 닿겠지

사랑 참
그리움 참

코로나19 세상

햇살이 맑아 눈이 부셔
유리창 너머 따슨 바람결
안타까운 손짓

몹쓸 바이러스에
온 세상이 떨고
푹푹 패이는 마음들

거미줄

웃다가 문득
행복하다 문득
미안해서

괜찮아지는 게
점점 나아지는 게
미안해서

당신이 떠오르면
웃음 짓다가도 눈물이
가슴속에
거미줄을 칩니다

그리움 색깔

낡은 카세트 테이프 되돌리기
먼저 하늘 간 아들 원망하는 소리
새끼 잃은 어미 마음 알만도 한데
며느리 홀로 살아내는 가슴에는
득득 갈기갈기 상처투성이로 남아
겨우 일어선 며느리 주저앉히는
시어머니의 그리움

생생한 추억 떠올리며 살아가기
늘 함께 있는 듯 여기면서
지금 여기 얘기 들려주고
가끔 그곳은 어떠냐고
툭툭 물음을 던져놓고는
하늘만 멍하니 보다 대답 없어 멈칫
이내 눈물이 핑 돌아버리는
아내의 그리움

떠난 사람은 하난데
그리움 색깔은
참 가지가지다

접었다 펴기

한 번 접고
또 한 번 접고

꼬깃꼬깃 접어
안보이게 넣었다

그래야 살 수 있어서
그런데 살 수 없어서

꼬물꼬물 다시 풀어
맘 한 가운데 놓았다

한 번 보고
또 한 번 보고

맘대로 꺼내 보니
이제 살겠다 숨이 든다

아들딸에게

몇 년 후가 될 지
그건 나도 모르겠구나
지금 문득
이런 생각이 났어

만약에 말이야
엄마가 어떤 이유로라도
이 세상을 떠나게 되는 날은
아주 행복한 날이란다
가슴이 저미도록
더 이상 아빠를 그리워하지 않아도 되니까
살아생전 아빠 손잡고 설레던 그 맘으로
아빠를 보러가는 거니까
오래 슬퍼하지 말았으면 해
아빠 엄마 새로운 기념일이니
딸은 곱고 하얀 단아한 원피스를 입고
아들은 푸른빛 남색양복을 입어주겠니?
엄마의 마지막 길을 배웅하러
오시는 분들께도 부탁을 드려주렴
봄처럼 화사한 차림으로 와주시라고

엄마는 아빠와 함께
항상 너희들 곁에 있을 것이기에
괜찮아 괜찮아 정말 괜찮단다
편안한 마음으로 엄마를 보내주렴

사랑한다 행복하여라
내 소중한 아들딸

사별 그 후

온전해지길
재촉하지 마세요

가엾다고
위로도 하지 마세요

슬픔을
이해한다고도 하지 마세요

그저
그렇게 그렇게

나 혼자
품으며 살아갈게요

쳇바퀴

깊어서
빠져 나올 수가 없어

아퍼서
건드릴 수가 없어

여태도 그래
마음이

눈 내리고
찬바람 휘몰아치면

더 진해져
그리움이

여운

아직 가시지 않고 남아 있는 운치
사전적 의미 말고
또 다른 뜻 하나는 남은 운수

선명히 남아 있는 흔적
무형의 존재로서 위대한 힘
사랑하는 님의 흔적

님 가신 하늘 아래 안갯속 길 잃은 삶
언제 어디서 주저앉을까 저어해
말년운 주머니 속에 가득 채운 여운

그리움

가만 있는 거

아무것도 못하고
아무것도 할 수 없어서

숨은 멎고
넋을 놓은 채로
울음은 넘어가고

먼 산 먼 하늘만
멍하니 바라보는 거

그 님
그리움

그래도 된다

쉬어라
그래도 된다

해야만 한다고
살아야 한다고

충분히 달렸으니
잠시 쉬어가도 괜찮다

힘들었지
잠시 쉬었다 가자

쉬어라
괜찮다

그래도 된다

삶 II

내가 선택한 삶은
흐르는 물이 되는 거

가만 있지 않아야 되는
가만 있으면 안되는

상처를 씻어내어 다시 살려고
아픔을 끌어안은 채 머물지 않으려고

담대하고 연연하지 않는 삶
다시 아름다운 삶을 위해

멈춘 듯 가버린 시간 가는 시간
영원을 향해 흐르는 나의 이 순간들

그림책을 읽고
-기린을 만났어-

그림책에 퐁당
나는 누구를 만날까?

세상에, 넌
기린을 만났니?

어머나!
기린만 만난 게 아니구나

올챙이 부엉이
구름 개구리 소나기

바람이 그랬다고?
내 맘도 쾅! 하고 닫혔는데

넌 하트가 맵니?
내 맘 속 하트는 아프다

망각

또 잊었다

그를 향한 내 기억은
현재진행형

그를 알던 그대들 기억은
과거완료형

Part 3. 하루하루 에너지 "감사"

얄밉게 맑은 날

너 왔다 가는 길
눈부시게 햇살이 밝아서

청량산 기슭 나무 잎새도
널 따라서 빛났어

시속 오십 키로미터 제한 도로
딱 맞춰 느릿느릿 안전운전

더 천천히 이별하고 싶어서
너 바래다 주는 길

가족반지

넷이었다 셋
셋이어도 넷

한결 같은 마음
여전히 연결된 식구

홀로 나는 어미새
소리 없이 울던 시간

훌쩍 커버린 아기새 두 마리
반지 세 알 둥지에 놓았네

너른 하늘 훠얼훨
자유로이 날라고

아빠새 반지 한 알
마음에 지어 구름 위 놓았네

나비

교실 안에 가득 봄이 왔다
수채물감 콕콕 찍어
곱디곱게 색칠한 자리에

보랏빛 다홍빛 노랑빛
아롱아롱 어여쁜 나비들이
나풀나풀 날아올랐다

나비야 나비야
어여쁜 나비야
따스한 봄볕 실어 내게 오렴

상처투성이 세상에서
아프게 걸어가는 저 사람들에게도
따스한 봄볕 실어 가져다 주렴

어른

이제야 어른이 된 듯 해

누구에게도 의존하지 않고
나 혼자 생각하고 결정하는
이 시간을 살아가는 지금

비로소 어른이 된 듯 해

핫팩

이거
열다섯 시간 가는 거예요

열 살 꼬마 손에 들려
내게 온 핫팩 두 개

나이 든 난방기기
천장에서 돌고 돌아도

냉기 가득한 교실
아이들 없는 빈 교실

긴급 돌봄 아이 손이
따스함을 담아 왔다

아이 마음 속에
난로가 있다

인연

한 사람이
차갑게 떠나고

수많은 사람이
따스하게 온다

내게서 가고
내게로 온다

연기처럼
바람처럼

스치듯 흩날리듯
간 자리에 머문다

개명

그게
뭐라고

단
한 글자

이삭 영
穎

풍요
겸손

빼어나지만
겸손한 성품

중년
노년

내가
그려갈 그림

추억의 길

누구는
초록길이라 하고

누구는
공원길이라 하고

누구는
사잇길이라 한다.

어떻게 부르든
길은 하나

오늘은
오색단풍길이다.

연결

말은 잘 안통해도
마음은 통했었나 보다

전학 가며 눌러 쓴 편지
등교수업 마지막 날

주머니 속에서 수줍게
빼꼼히 빼어 주길래
눈시울이 빨개 안아 토닥였다

와락 안기는 모양이
많이 아쉬운가 보다

또
하나의 인연이 스쳐 갔다

나는 잘 살았다

반 백년 넘은 인생
보낸 사람
머문 사람

팔뚝에 생겨난
검버섯 만큼
늘어난 인연

나는 잘 살았다

홀로 맞은 여덟 번째
결혼기념일에
연분홍 튜울립 보내 온
곱고 아름다운 마음

내 사랑처럼
멋진 인연 만나라
기도로 선물 다시요

아이

아이는 훌륭하다
찬찬히 일러주는 대로
어쩜 그리 해보려 애쓰는 지
쩔쩔 매는 모습도 대견하다

도움이 필요하니 물어도
괜찮아요 웃는다
어쩜 그리 씩씩한 지
낑낑 대는 모습도 기특하다

어른 눈에 보잘 것 없어도
반짝거리는 눈으로 기뻐하는
아이는 모두 어여쁘다
매 순간 아이는 자란다

화상수업

아이들이 왔다
마스크도 안쓰고
까르르 웃음도 따라왔다

네모난 화면 속에
조각조각 쪼갠 또 작은 네모
스물 둘 아이들이 모였다

바이러스 걱정 없이
말하고 웃고 손들다가
아쉬움 들고 화면 밖으로 하교한다

교실에서 더 놀다가고 싶은 마음
그대로 그렇게
화면 속에서 더 놀자 한다

그래 놀자 온라인으로
내게 행복을 주는 아이들에게
온전히 내 컴퓨터를 내어준다

오늘은 오목놀이다

비결

아들아
사람들이 물었어

니들 마음이
어쩌면 그리 따뜻하게 컸냐고

무신경한 듯 툭
너가 말했지

따뜻한 아빠 만나라고 해

에드벌룬 타고 떠올랐어
순간 마음이

뭉클뭉클 가슴에
고마움으로 감동이 차오르더라

새소리

여름으로 가는 공원길을 걸었다
코로나로 막혀 버린 여름향기

마스크 너머로 상상만
풀내음 꽃향기 스치는 바람 냄새

삐삐삐삐삐삑삑
뭐라고 하는 거니?

찌찌찌찌찌찍찍
누구를 부르는 거니?

버드나무 사이 새들의 울림
눈으로만 보고 귀로만 듣는 여름

친구

목소리만 잠깐 들어도
위로가 되는 너

내가 널 생각할 때
너도 날 생각하고 있어

발견의 미덕이 빛나는 사람들
창조의 미덕이 빛나는 사람들

덕분이지
너와 내가 이렇게 연결될 수 있는 건

늦은 밤에도
머나먼 거리에도

마음만 먹으면 얼굴도 보아
얼마나 좋은 세상이니

눈물

날개짓을 잠시 멈췄다
기운 빠진 헛개비 소진된 나

실핏줄 터져 시뻘건 눈
땡기고 뭉친 등짝 어깨 목줄기

힘들다 목구멍에서만
고래고래 지르는 소리

선생님 어디 아파요 한 마디에
뭉클한 에너지 혈관을 타고 돈다

온 몸 감동을 두르고 아이들을 본다
뜬금없이 콧날이 시큰 눈물이 난다

건강하게 살아서 내 앞에 있음에
그저 고 녀석들이 예쁘고 감사해서

병원에서

혈압을 재고 또 재도
불안을 잠재우는 수치가 아니라서

병원 구석구석 돌며
혈압계 앞에 팔을 넣는다

요놈조놈 모두
내뱉는 결과는 가지각색

돌고돌아 제자리 와서
쑥 넣은 팔뚝 체념하고 나니

쏙 맘에 드는 수치를 뱉는다
잘 살고 싶다 이왕이면

116mmHg
82mmHg

졸음

반가운 손님처럼
졸음이 왔어

나도 모르게 깜빡
한 잠을 잔 거야

당신 떠난 후
처음 찾아온 나른한 졸음

당신이 내게서
멀리 간 만큼

가까이 온 잠
고맙다 해야 할까

아내의 기도

사랑하게 하소서
나를 여전히 당신을

홀로 우뚝 잘 살아가게
마음 안에 힘을 주소서

당신이 내게 준 사랑을
기억하게 하소서

사랑을 했고
사랑을 받았고
사랑을 주었던

지난 시간을 물들였던
우리 아름다운 마음을
기억하게 하소서

아주 오래도록
다시 만날 그날까지

엄마의 순간

쌕쌕
아기가 잠을 잔다
다 큰 우리 아기가

하루 종일 밖에서
힘을 내어 살다가

휴우우 어깨짐 내리더니
사르르 눈꺼풀도 내렸다

곱다 여리고 순한 볼
사랑스럽다는 말 보다
더한 말 없을까

내 생애 참 행복한 시간
포근히 잠든 큰아기들 바라보는
그 귀한 시간

그림책

마음을 여는
마음을 보는
마음을 토닥이는

마음 속 여행

몸의 말

머릿속이 하얘지고 순간 멈춤
어깨가 묵직해지고 아파오며
가슴은 우글우글 가시철망 엉킨 듯
불덩이라도 있나 좀 뜨거워

씽크대 앞 물이 흘러있다는
딸 전화에 심장부터 내려 앉았어
8년 전 스토리가 두레박처럼 올라와
두려움이 가득 물처럼 출렁이네

달렸어 무조건 달렸어
생떼 같은 사람 또 앗아갈까
불안이 배꼽을 오그라들게 하고
생각꼬리를 엮어 가래떡을 뽑아

아, 다행이다
건조기 물통 제 몸 한계선을 넘어
자발적 배수를 하고 말았네
정신없이 살았던 나를 돌아볼 때

쉼표

쉼표가 있었는데
이쯤에서 너를 돌보라고

좁쌀 같은 반점들이
허리를 타고 돌던 재작년 여름

콕콕 찔러대는 아픔이 오고도
쉼표를 건너 뛰었지

시린 눈에 실핏줄이 터지고
모기에 뜯긴 듯 밤톨 만한 반점

온 몸 벌집 됐던 작년 여름
또 쉼표를 못보고 건넜어

이제 마지막 쉼표야
이거 놓치면 마침표일 지도 몰라

그래서 난 쉬기로 선택했어
지그시 오롯이 나를 위한 맘봄

마음을 보는
마음을 돌보는
소중한 내 맘봄의 시간

지금 사랑하여라

손을 뻗어 닿을 수 있을 때
눈을 들어 볼 수 있을 때

맘껏 사랑하여라

마음 깊이 사랑하고
설렘 가득 가슴에 담아도

떠난 자리에 남은 것은
더 표현하지 못한 안타까움

미련했던 지난 세월
가득 찬 후회 뿐이니

지금 맘껏 사랑하여라

향기

그 땐 몰랐지?
아빠 향기가 이렇게 아름다운 줄

말없이 갑자기 떠난 설움에
미워서 때론 아파서 때론 그리워서

발걸음 한 걸음 디딜 때마다
아빠 든든한 손이 사무쳤으리

지금은 알았지?
아빠 향기가 이렇게 아름다운 줄

우리 아들딸 삶 여기저기
아련히 스미는 아빠의 향기

아빠의 눈으로 바라다보는
시간을 넘어선 연결 "사람"

치유와 회복

상처 덩어리 안고 사는 나
이제 날개를 활짝 펴고 나비처럼
아름다운 인생을 살 거랍니다

하늘을 펄펄 날도록 나비 날개 짓에
힘이 되어주는 가족 친지 친구 동료 후배
작은 바람결 같은 관심 도움 사랑 배려 존중
오래오래 기억할게요

내가 훨훨 다시 날아오르는 그곳에
고마운 당신들의 마음이 함께 있습니다

늘 감사합니다.
늘 평안하고 복된 날 되세요
늘 노오란 프리지아처럼 예쁜 날 되세요
영원히